直笔体育巨星系列

梅罗对弈

杨健 著

北京时代华文书局

对弈： 双雄并立 绝代双骄

一相逢， 便胜却人间无数　　01

我要这天， 再遮不住我眼　　09

我要这地， 再埋不了我心　　19

我要这众生， 都明白我意　　29

英雄帖， 你方唱罢我登场　　39

过云烟， 狭路相逢终究别　　51

高处不胜寒， 古今谁不老　　61

梅罗交锋全记录　68

目录 CONTENTS

绝代

XX 骄

对弈：
双雄并立　绝代双骄

火遍世界的超级英雄电影里，最后的高潮，都是正派与反派之间的大决斗。足球世界里没有正义与邪恶之分，但这种双雄并立的戏码，永远都是足坛最具魅力与吸引力的话题。

喜欢足球历史的球迷，对此如数家珍：从20世纪50年代的迪·斯蒂法诺和普斯卡什、60年代的贝利和尤西比奥、70年代的克鲁伊夫和贝肯鲍尔，到80年代的马拉多纳与普拉蒂尼、90年代初的罗马里奥与罗伯特·巴乔、21世纪前后的罗纳尔多与齐达内。

但是，从来没有哪一对儿"双雄"，像梅西和C罗这样特殊。他们生活在竞争性更强、曝光度更高的现代足球环境下，是世界足球历史上进球最多的球员，不断打破着各种旷世纪录，将冠军与荣誉收入囊中，互相追逐，互相激励；他们的性格又截然不同，一个内向低调，一个外向高调，形成格外鲜明的对比，在社交媒体的作用下，各自聚集起数以千万计的粉丝，而彼此的拥趸似乎水火不容，你既喜欢C罗又喜欢梅西，反倒更容易被双方共同认定为"不懂球"。

可以说，现代足球诞生之后，还从来没有哪两位巨星拥有梅罗之间这么特殊的关系，所以，他们才被称为"绝代双骄"。差可比拟的也许是贝利和马拉多纳，人们曾经就他俩"谁是史上第一"争论得不可开交，但由于所处时代不同，这种争论终究只是"关公战秦琼"。

而梅西和C罗处于同一个时代，直接竞争，当面锣对面鼓地一较高下，看似可以得出一个"谁更强"的定论了吧？恰恰相反，反而引发出更大的争议。更何况在很多球迷的心目中，他们的江湖地位，已经超越了贝利和马拉多纳。

作为当代球迷，很遗憾，我们没有亲眼见过迪·斯蒂法诺和普斯卡什联手为皇马缔造的欧冠伟业，没有见过贝利在世界杯上叱咤风云，没有见过"球圣"与"球皇"之间的巅峰对决，再年轻一点儿的，都没见过马拉多纳踢球。

可是，我们又何其有幸，亲眼见证了梅西和C罗的出道、成长、成熟，见证了他们的每一次或直接或间接的较量，感受到无与伦比的震撼，并深深地沉浸其中。因此，对于当代球迷来说，足球就分为"前梅罗时代""梅罗时代"以及即将到来的"后梅罗时代"。

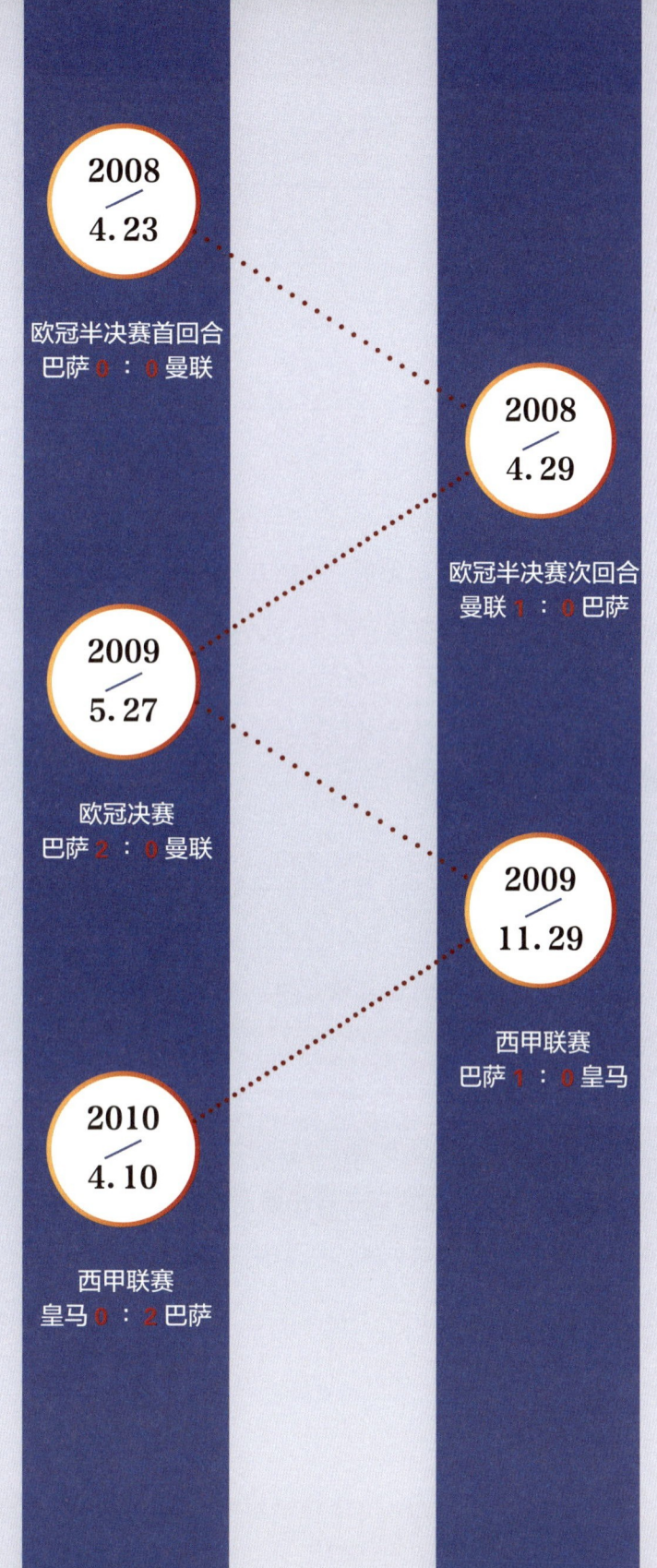

2008 / 4.23
欧冠半决赛首回合
巴萨 0：0 曼联

2008 / 4.29
欧冠半决赛次回合
曼联 1：0 巴萨

2009 / 5.27
欧冠决赛
巴萨 2：0 曼联

2009 / 11.29
西甲联赛
巴萨 1：0 皇马

2010 / 4.10
西甲联赛
皇马 0：2 巴萨

一相逢
便胜却人间无数

第一次狭路相逢

01

2007-2008赛季欧冠半决赛首回合

比赛时间：2008年4月23日

比赛地点：诺坎普球场

比赛结果：巴萨0∶0曼联

02

2007-2008赛季欧冠半决赛次回合

比赛时间：2008年4月29日

比赛地点：老特拉福德球场

比赛结果：曼联1∶0巴萨

2007年，当卡卡获得世界足球先生与金球奖之时，C罗和梅西还只是"巴西王子"旁边的挑战者。然而，在进入2008年之后，一切就悄然发生了改变。梅西与C罗也正是在这一年，开始双骄真正的统治时代。两人几乎以火箭般蹿升的速度，成为全世界最瞩目的球星。而两人的直接对决，也终于在千呼万唤中到来。

一切都安排得那么巧妙，两人第一次狭路相逢，就发生在欧冠半决赛的赛场。梅西与C罗的正面PK，从真正的大场面开始。2008年4月23日，2007-2008赛季欧冠半决赛首回合如期开演。

上半场开场仅2分钟C罗就创造点球，但他却将点球罚飞，此后巴萨一直占有控球优势，但无奈曼联的密集防守，两队战成0∶0平。就这样，梅西、C罗结束了双方的第一次交锋，两人都没有取得进球。

4月29日，2007-2008赛季欧冠半决赛第二回合开打。在这场梅西与

C罗的第二次交锋中，两人依然都没有取得进球，但是斯科尔斯的绝杀，帮助曼联1∶0淘汰巴萨。就这样，梅西与C罗的交锋，第一次分出胜负。而C罗也顺利跟随曼联杀入最终的欧冠决赛。决赛中，C罗为曼联打进一球。点球大战中曼联6∶5击败切尔西，最终夺得欧冠冠军。在2008年年底的各项颁奖中，C罗获得世界足球先生和金球奖，梅西全年的表现也不遑多让。

首演巅峰之战

2008-2009赛季欧冠决赛

比赛时间：2009年5月27日

比赛地点：罗马奥林匹克体育场

比赛结果：巴萨2：0曼联

　　C罗和梅西之间，或许从一开始就有太多的缘分注定，也为两人成为"绝代双骄"从一开始就做着太多的铺垫。两人的第3次交锋，依然是在欧冠赛场。2008年的欧冠，C罗成为胜利者，最终捧杯，而2009年两人的交锋直接变成了2008-2009赛季的欧冠决赛赛场，一场真正性质的巅峰对决。

　　比赛开始仅仅10分钟，巴萨便取得入球，伊涅斯塔在被贴身盯防的情况下将球传出，埃托奥禁区右侧扣过维迪奇后，赶在铲防的卡里克之前右脚劲射近角打破僵局。第70分钟，埃夫拉虽然成功拦截下埃托奥的传中球，但随后的解围太过草率，哈维前场右侧直接拦截前趟两步后斜传，梅西在无人盯防的情况下，跃起侧身头槌破门，将比分改写为2：0。这也是梅西本赛季欧冠的第9粒进球，他不但帮助球队锁定胜局，也为自己锁定了本赛季欧冠的金靴。

最终全场比赛结束，巴萨2∶0击败曼联，捧起俱乐部历史上第三座欧冠奖杯。如果说2008年是C罗的丰收之年，那么2009年则变成了梅西的丰收之年。这场欧冠决赛也成为C罗在曼联的最后一战，因为在2009年夏天，C罗正式加盟皇马。梅西与C罗将在西甲赛场，开启更为直接的交锋。

国家德比初相识

04
2009-2010赛季西甲联赛

比赛时间：2009年11月29日

比赛地点：诺坎普球场

比赛结果：巴萨1∶0皇马

05
2009-2010赛季西甲联赛

比赛时间：2010年4月10日

比赛地点：伯纳乌球场

比赛结果：皇马0∶2巴萨

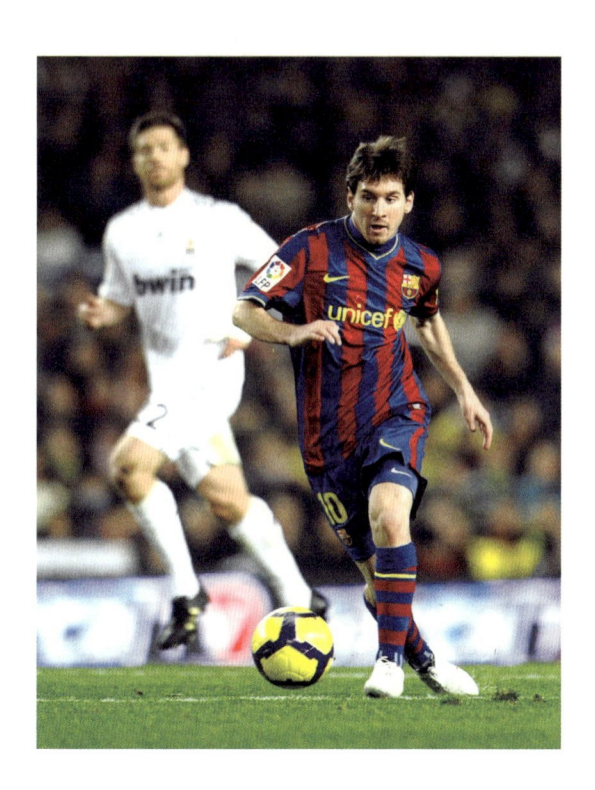

  从C罗登陆西甲的那一刻起，本就具有重要意义的西班牙国家德比交锋，就变得更为让全世界期待。拥有C罗的皇马与拥有梅西的巴萨，再配以两队全明星的阵容，加之"世纪大战"的历史底蕴，这样的比赛，怎能不吸引全球的目光？

  2009年11月29日，2009-2010赛季西甲联赛首回合国家德比开战，这是

C罗第一次亮相国家德比。但是本场比赛的主角不是梅西，也不是C罗，而是伊布拉希莫维奇，凭借"瑞典天王"的进球，巴萨1∶0战胜皇马，取得这场比赛的胜利。

2010年4月10日，2009-2010赛季西甲联赛第二回合国家德比继续上演。这是梅西与C罗的第5次交锋，这一次对阵，巴萨2∶0战胜皇马，依然是最终的胜利者，梅西首开纪录，佩德罗扩大比分，哈维贡献两次助攻，巴萨连续两个赛季双杀皇马。而C罗依然没有取得国家德比的第一个进球。此时初登陆西甲的C罗和皇马开始被巴萨全面压制。

2010 / 11.29
西甲联赛
巴萨 5 : 0 皇马

2011 / 2.11
国家队友谊赛
葡萄牙队 1 : 2 阿根廷队

2011 / 4.16
西甲联赛
皇马 1 : 1 巴萨

2011 / 4.20
国王杯决赛
皇马 1 : 0 巴萨

2011 / 4.27
欧冠半决赛首回合
皇马 0 : 2 巴萨

2011 / 5.3
欧冠半决赛次回合
巴萨 1 : 1 皇马

我要这天
再遮不住我眼

皇马耻辱一战

06

2010-2011赛季西甲联赛

比赛时间：2010年11月29日

比赛地点：诺坎普球场

比赛结果：巴萨5∶0皇马

又是一场载入史册的国家德比，巴萨与梅西在这一战全面碾压皇马。比赛第10分钟，巴萨取得领先，梅西传球，伊涅斯塔的直传撕碎了皇马中卫防线，马塞洛封铲碰到球，但球偏转后仍落在中路插上的哈维脚下，哈维小禁区边缘凌空垫射破门。

第18分钟，哈维将球转移到左路，比利亚禁区左侧强突拉莫斯晃开角度传中，卡西利亚斯勉强扑挡，佩德罗抢在马塞洛之前射入空门。

第55分钟，马塞洛边路阻挡佩德罗未被判罚，梅西内切直传，比利亚禁区右肋12码处单刀劲射破门。第58分钟，梅西再度送出直传，比利亚左路禁区边缘内单刀外脚背捅射，球从卡西利亚斯双腿间穿过滚入空门。

第91分钟，博扬右路传中，赫弗伦推射破门锁定胜局。第93分钟，拉莫斯背后铲倒梅西，又一掌推翻普约尔，裁判直接掏出红牌将其罚下。全场比赛结束，巴萨在主场5∶0狂胜皇马。这堪称皇马队史的耻辱一战！

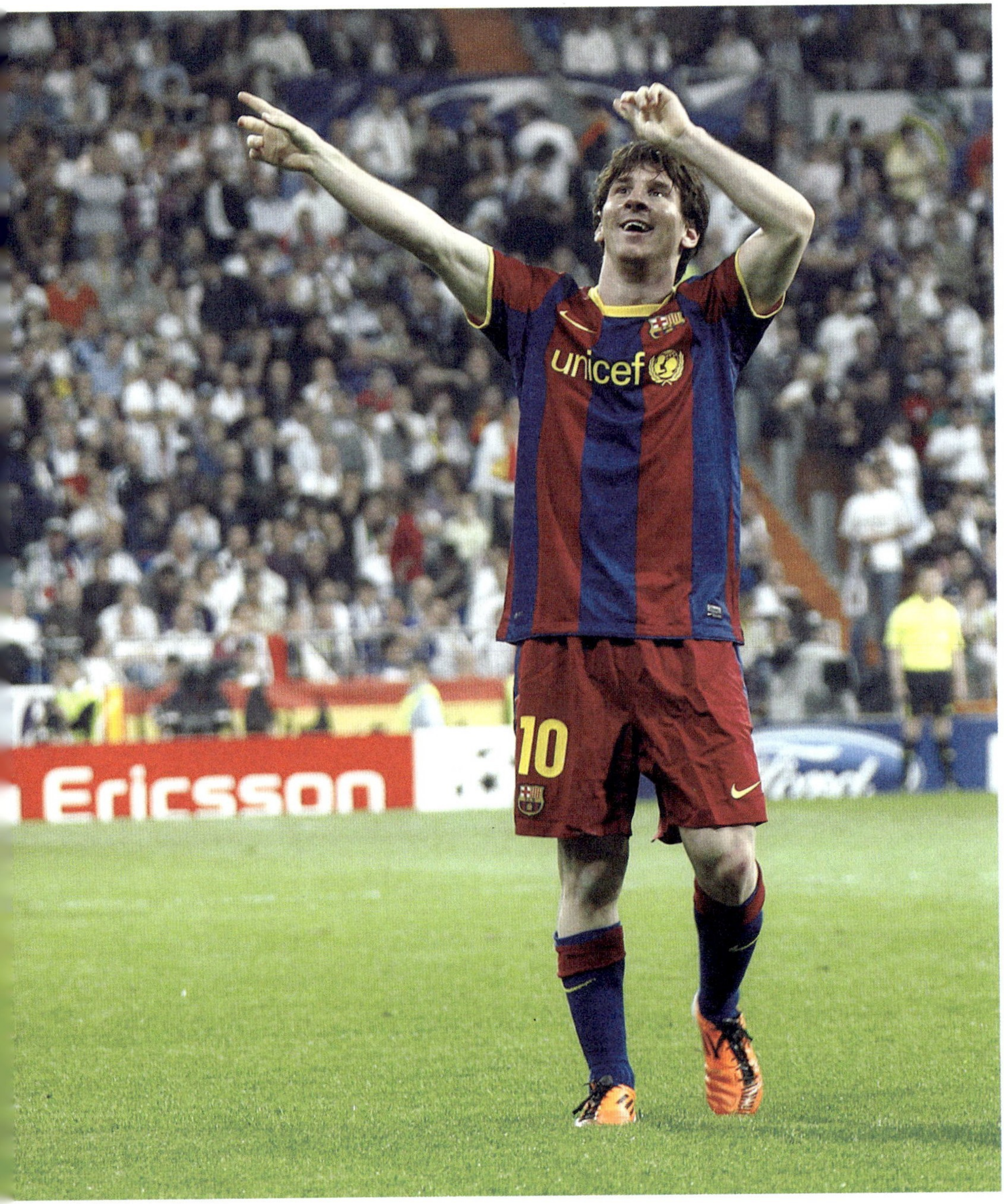
unicef
10
Ericsson

国家队首次交手

国家队友谊赛

比赛时间：2011年2月11日

比赛地点：瑞士日内瓦球场

比赛结果：葡萄牙队1：2阿根廷队

本场比赛是梅西、C罗两人首次在国家队交手，比赛第14分钟，梅西助攻队友迪玛利亚破门，帮助阿根廷队取得领先；7分钟后，C罗帮助葡萄牙队扳平比分，这是C罗打入面对梅西的首粒进球。第90分钟，梅西打入绝杀点球，率领球队获胜。由于阿根廷国家队与葡萄牙国家队分处不同大洲，梅西和C罗在国家队的交锋非常少见，在世界杯的赛场上，截至2018年世界杯结束，两人也没有正面交锋过。

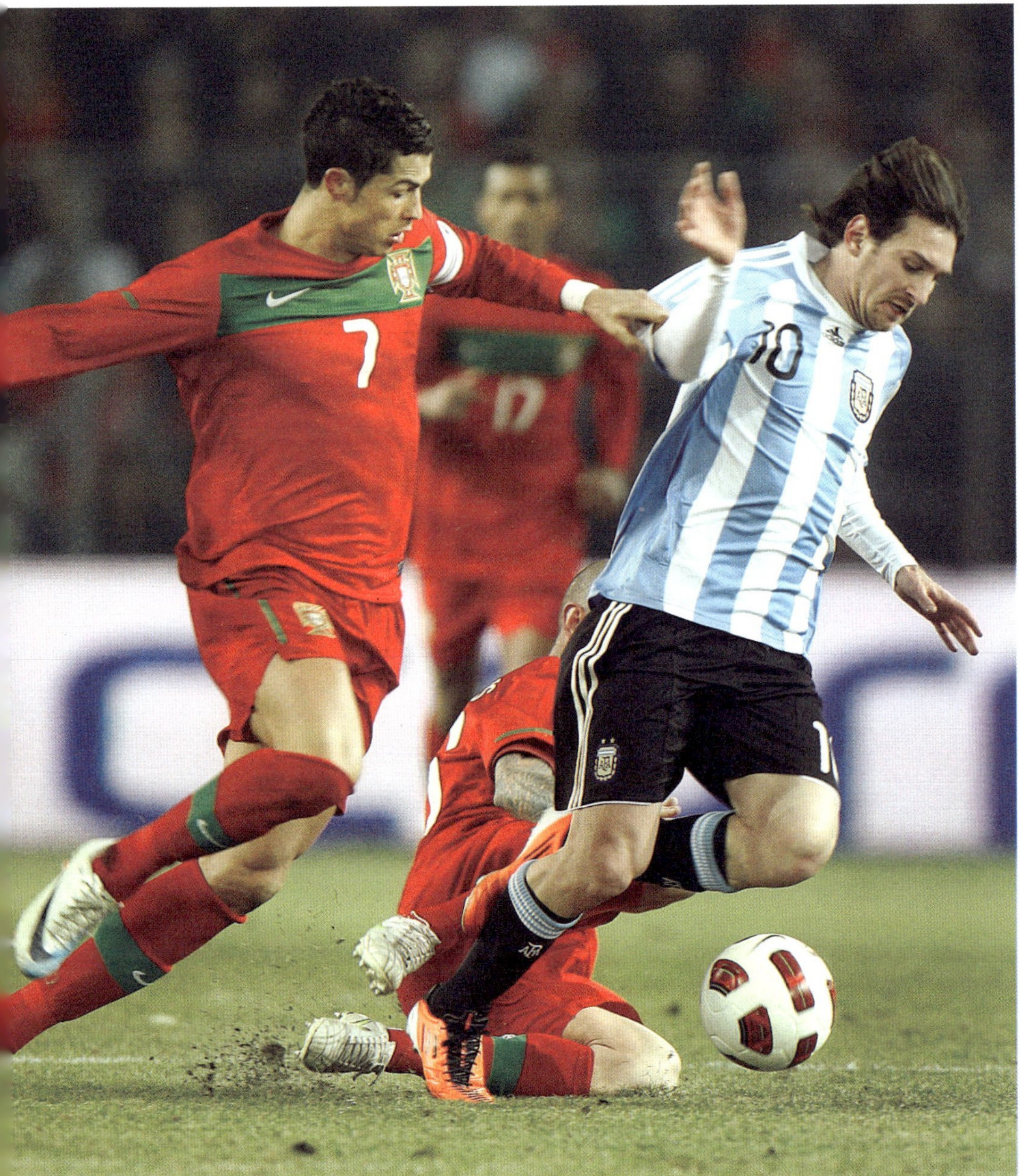

国家德比18天4战

08
2010-2011赛季西甲联赛
比赛时间：2011年4月16日
比赛地点：伯纳乌球场
比赛结果：皇马1：1巴萨

09
2010-2011赛季国王杯决赛
比赛时间：2011年4月20日
比赛地点：瓦伦西亚梅斯塔利亚球场
比赛结果：皇马1：0巴萨

10
2010-2011赛季欧冠半决赛首回合
比赛时间：2011年4月27日
比赛地点：伯纳乌球场
比赛结果：皇马0：2巴萨

11
2010-2011赛季欧冠半决赛次回合
比赛时间：2011年5月3日
比赛地点：诺坎普球场
比赛结果：巴萨1：1皇马

任何美好的事物如果频繁地发生，似乎一切都不再变得那么美好了。但是在绿茵场上，却有一个球迷永远看不厌的戏码，那便是C罗与梅西率领的国家德比。18天4场国家德比是什么概念，2011年，球迷就有幸见证了这样的历史时刻。梅西与C罗，各有千秋，让这18天的时间，成为球迷的盛宴。

2011年4月16日，2010-2011赛季西甲联赛次回合国家德比，皇马1∶1战平巴萨，C罗、梅西各入点球，这是C罗取得对阵梅西的首粒俱乐部进球。这对于C罗来说意义非凡。仅仅4天时间之后，双方的交锋战场转移到国王杯决赛，这一次皇马笑到了最后，双方在90分钟时互交白卷，佩佩头球攻门击中立柱。而C罗成为比赛的主宰者，他在加时赛绝杀建功，皇马1∶0力克巴萨。这一战，对于皇马和C罗来说都意义非凡，这是皇马第18次夺得国王杯，也是近3个赛季首度在国家德比中取胜。

联赛以及国王杯之后，皇马与巴萨移师欧冠赛场。2011年4月27日，

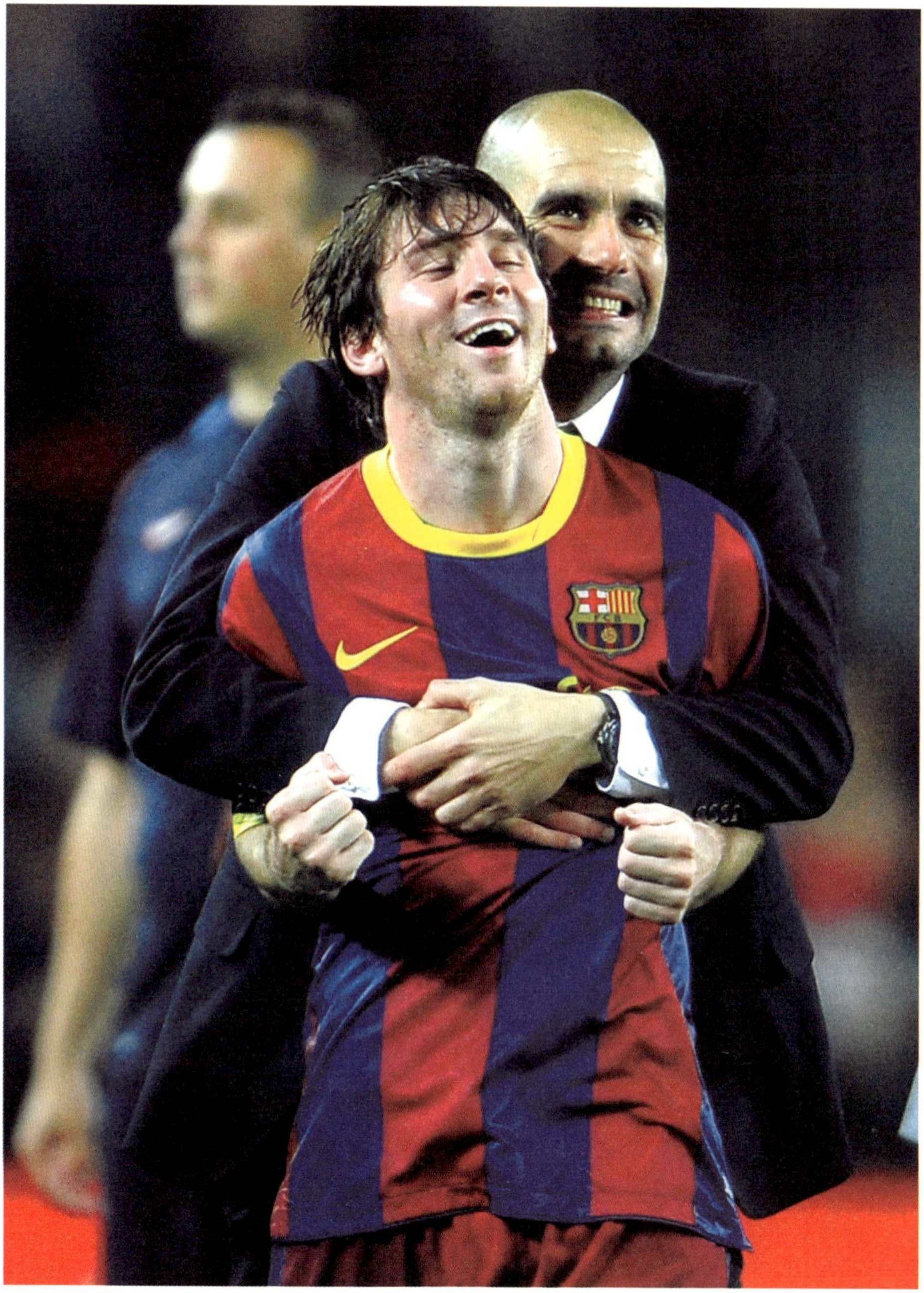

2010-2011赛季欧冠半决赛首回合，这是双方18天内4次对决的第3次碰面。上半场双方均无建树，半场结束退场时，凯塔和阿韦罗亚的争执又引发双方在球员通道口混战，巴萨替补门将平托被红牌罚下。第61分钟，皇马遭遇打击，佩佩前场蹬踏阿尔维斯犯规被红牌直接罚下，皇马近4次国家德比中均有红牌减员。此外，穆里尼奥嘲讽裁判也被直接罚上看台。巴萨第77分钟打破僵局，阿费莱摆脱马塞洛突入禁区右侧传中，阿尔比奥尔未能拦截，梅西前点近距离抢在拉莫斯之前捅射破门。第87分钟，梅西拿球连过数人后突入禁区，单刀推射破门。最终，巴萨在伯纳乌2∶0力克皇马。这个进球，成为梅西在国家德比中的代表作之一，载入史册。

　　2011年5月3日，18天4战的最后一战。2010-2011赛季欧冠半决赛第二回合，皇马1∶1战平巴萨，伊瓜因进球无效，佩德罗先拔头筹，马塞洛扳平比分，梅、罗两人均无建树，巴萨总比分3∶1挺进欧冠决赛并最终夺冠。这个赛季的巴萨和梅西都实现了冠军与荣誉的大丰收。

- **2011 / 8.14**
  西班牙超级杯首回合
  皇马 2 : 2 巴萨

- **2011 / 8.17**
  西班牙超级杯次回合
  巴萨 3 : 2 皇马

- **2011 / 12.10**
  西甲联赛
  皇马 1 : 3 巴萨

- **2012 / 1.18**
  国王杯 1/4 决赛首回合
  皇马 1 : 2 巴萨

- **2012 / 1.25**
  国王杯 1/4 决赛次回合
  巴萨 2 : 2 皇马

- **2012 / 4.21**
  西甲联赛
  巴萨 1 : 2 皇马

我要这地 再埋不了我心

梅西闪耀西超杯

12
2011年西班牙超级杯首回合
比赛时间：2011年8月14日
比赛地点：伯纳乌球场
比赛结果：皇马2∶2巴萨

13
2011年西班牙超级杯次回合
比赛时间：2011年8月17日
比赛地点：诺坎普球场
比赛结果：巴萨3∶2皇马

这是2011年来第5场、第6场西班牙国家德比了，但这两场比赛却成为梅西一人表演的舞台。8月14日，西班牙超级杯首回合比赛厄齐尔先拔头筹，比利亚破门扳平，上半场补时阶段，梅西单刀破门帮助球队反超，比赛第54分钟，阿隆索为皇马扳平比分。梅西一传一射帮助巴萨客场2∶2战平皇马。

8月17日，次回合比赛开场不到1分钟，C罗险些破门。第15分钟，梅西送出直传，伊涅斯塔面对卡西利亚斯冷静单刀挑射破门。第20分钟，厄齐尔开出角球，本泽马禁区边缘传射打中阿尔维斯后偏转，C罗小禁区边缘近距离将球碰入球门。第45分钟皮克脚后跟妙传，梅西带球摆脱C罗后推射破门，巴萨再度领先。

第82分钟，皇马扳平比分，卡卡开出角球，本泽马小禁区内捅射被巴尔德斯挡出，佩佩头球摆渡，本泽马大腿停球后左脚劲射破门。第88分

钟，梅西上演绝杀！阿德里亚诺禁区右侧边缘传中，梅西左脚凌空扫射入网，巴萨3∶2绝杀皇马！

补时阶段，梅西险些再度破门，他的单刀射门被卡西利亚斯神勇挡出。最后时刻马塞洛背后铲倒法布雷加斯被红牌直接罚下，双方球员相互推搡发生混战，厄齐尔和比利亚都被红牌罚下。

全场比赛结束，巴萨3∶2战胜皇马，以总比分5∶4卫冕西班牙超级杯，这也是巴萨队史上第10座西班牙超级杯冠军。

皇马连胜终结

2011-2012赛季西甲联赛

比赛时间：2011年12月10日

比赛地点：伯纳乌球场

比赛结果：皇马1∶3巴萨

　　2011年12月10日，2011-2012赛季西甲联赛第16轮，皇马在主场迎战巴萨。皇马取得梦幻开局，本泽马开场21秒进球，这是国家德比中的最快进球。第30分钟，梅西直传，桑切斯劲射扳平比分。

　　下半场比赛巴萨连进两球逆转取胜，第53分钟，哈维射门打在马塞洛腿上折射入网，巴萨反超比分。第66分钟，梅西策动进攻，阿尔维斯传中，法布雷加斯头球破门锁定胜局。最终，巴萨客场3∶1逆转战胜皇马，皇马各项赛事15连胜被终结，本赛季主场9连胜被终结。

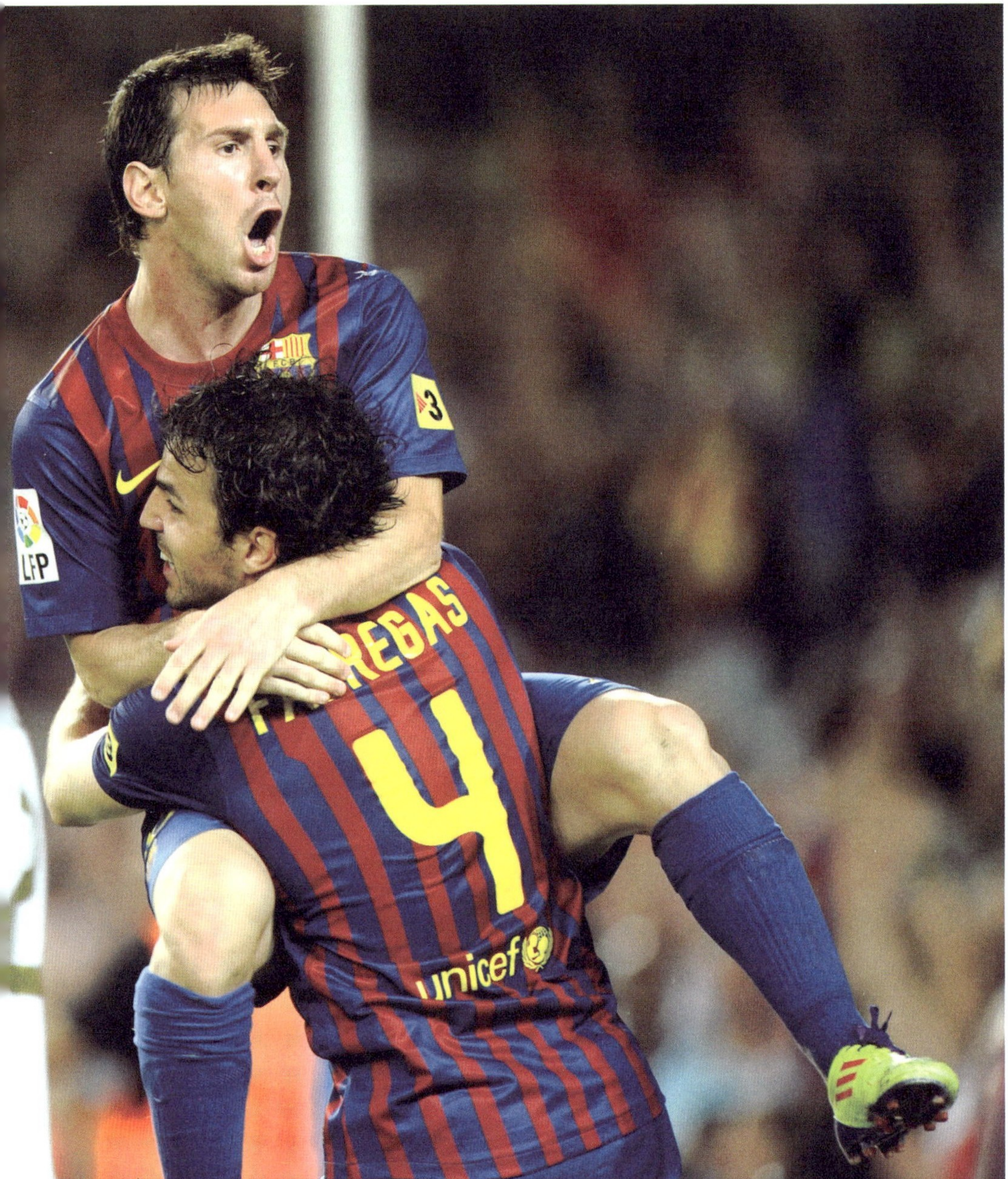
FÀBREGAS
4
unicef
LFP

精彩绝伦的国王杯

15

2011-2012赛季国王杯1/4决赛首回合

比赛时间：2012年1月18日

比赛地点：伯纳乌球场

比赛结果：皇马1：2巴萨

16

2011-2012赛季国王杯1/4决赛次回合

比赛时间：2012年1月25日

比赛地点：诺坎普球场

比赛结果：巴萨2：2皇马

2011-2012赛季西班牙国王杯1/4决赛首回合比赛在伯纳乌球场展开争夺，第11分钟，本泽马直传，C罗破门为皇马取得领先。第49分钟，哈维开出角球，普约尔鱼跃冲顶破门，巴萨扳平比分。第77分钟，梅西中路晃过阿隆索挑传，阿比达尔单刀捅射反超比分。巴萨客场2：1逆转皇马，占据先机，皇马连续7次在主场对阵巴萨未尝胜绩。

1月25日，次回合比赛转战巴萨主场诺坎普球场，第25分钟皇马险些破门，厄齐尔弧线球射门击中横梁，球弹地而出，回放显示球并未越过门线。第43分钟，梅西突破摆脱阿隆索和拉莫斯，面对阿韦罗亚和佩佩送出妙传，佩德罗破门打破僵局。上半场补时阶段，阿尔维斯抽射扩大比分。下半场皇马连扳两球，第68分钟，C罗突入禁区右侧晃过平托后射入空门，第72分钟，本泽马抽射破门扳平比分。第88分钟，拉莫斯争顶时肘击布斯克茨犯规累计两张黄牌被罚下。

最终，巴萨2∶2战平皇马，总比分4∶3晋级国王杯半决赛，在战胜瓦伦西亚、毕尔巴鄂竞技后，夺得2011-2012赛季国王杯冠军。

C罗国家德比经典一幕

17

2011-2012赛季西甲联赛

比赛时间：2012年4月21日

比赛地点：诺坎普球场

比赛结果：巴萨1∶2皇马

2011-2012赛季西甲联赛第35轮比赛巴萨在主场诺坎普球场迎战皇马。比赛开始仅仅16分钟皇马便取得领先，迪马利亚开出角球，佩佩头球攻门被巴尔德斯勉强救下，普约尔未能及时解围，赫迪拉铲射入空门。巴萨第27分钟错失良机，梅西吸引多人防守后送出直传，哈维单刀推射被卡西利亚斯挡偏出左侧立柱，但裁判判罚球门球。

第70分钟，梅西连续突破吸引多人防守，伊涅斯塔脚后跟妙传，特略射门被卡西利亚斯用腿挡出，阿德里亚诺射中阿韦罗亚偏转，桑切斯近距离补射为巴萨扳平比分。第73分钟，厄齐尔右边路直传，C罗突入禁区破门绝杀！进球后的C罗激动怒吼，双手下压的庆祝动作成为经典。这样的庆祝动作，在赛后被媒体和球迷广泛讨论，C罗这一幕也成为国家德比中的经典瞬间，屡次被提及。

最终，巴萨1∶2不敌皇马，巴萨本赛季主场首度落败，近11轮联赛连胜被终结，近53个主场不败被终结。这是皇马在近8场国家德比中首次取胜，也是皇马自2007年12月以来，近7次做客诺坎普首度取胜。

- **2012 / 8.23**
  西班牙超级杯首回合
  巴萨 3：2 皇马

- **2012 / 8.29**
  西班牙超级杯次回合
  皇马 2：1 巴萨

- **2012 / 10.7**
  西甲联赛
  巴萨 2：2 皇马

- **2013 / 1.30**
  国王杯半决赛首回合
  皇马 1：1 巴萨

- **2013 / 2.26**
  国王杯半决赛次回合
  巴萨 1：3 皇马

- **2013 / 3.2**
  西甲联赛
  皇马 2：1 巴萨

我要这众生,
都明白我意

史诗级西超杯

18
2012年西班牙超级杯首回合

比赛时间：2012年8月23日

比赛地点：诺坎普球场

比赛结果：巴萨3∶2皇马

19
2012年西班牙超级杯次回合

比赛时间：2012年8月29日

比赛地点：伯纳乌球场

比赛结果：皇马2∶1巴萨

2011年西班牙超级杯巴萨曾力克皇马第10次捧杯，并夺得西班牙超级杯三连冠。2012年两队再次相遇，巴萨能否如愿豪取四连冠呢？

8月23日，首回合比赛在巴萨主场进行。上半场比赛梅西多次射门，但无建树。下半场第55分钟，厄齐尔开出角球，C罗头球抢点为皇马率先破门，1分钟后佩德罗闪电扳平比分。第70分钟，伊涅斯塔突入禁区被拉莫斯铲倒，梅西点球一蹴而就，第78分钟，伊涅斯塔助攻哈维扩大比分，第85分钟，阿德里亚诺回传，巴尔德斯未能及时解围，却被迪马利亚抢断后射入空门。最终，巴萨主场3∶2战胜皇马。

8月29日，次回合比赛移师皇马主场伯纳乌球场，皇马第11分钟取得领先，马斯切拉诺解围失误，伊瓜因单刀推射破门，第19分钟，赫迪拉直传，C罗劲射扩大比分，总比分皇马4∶3领先巴萨。

第28分钟巴萨再遭打击，阿德里亚诺对C罗犯规被红牌直接罚下。半场结束前，阿隆索禁区前对哈维犯规，梅西任意球直接入网。下半场比赛双方均无建树，皇马2∶1战胜巴萨，双方总比分4∶4战平，皇马凭借客场进球多的优势第9次捧起西班牙超级杯冠军。

两场比赛8个进球，且比赛过程一波三折，荡气回肠。这一组两回合交锋，也成为国家德比以及梅罗交锋中经典的系列赛。

梅罗之舞

2012-2013赛季西甲联赛

比赛时间：2012年10月7日

比赛地点：诺坎普球场

比赛结果：巴萨2∶2皇马

本场比赛巴萨与皇马战成2∶2平，比赛中均上演梅开二度好戏的恰恰是梅、罗二人，两位巨星确保了各自球队的不败，也赢得了外界一致的喝彩。时任巴萨主帅的比拉诺瓦表示："两位球员都是超群绝伦的，对C罗来说，幸运或者不幸的是他与梅西这位不世出的球员同处一个时代。"穆里尼奥则表示："我想应该禁止谈论谁是世界最佳的话题，因为两位球员都是来自别的星球的。"

比赛第23分钟，皇马取得领先，本泽马分球禁区左侧，C罗低射近角入网，C罗成为首位连续6场在国家德比中进球的球员。第25分钟，皇马险些扩大比分，赫迪拉右路传中，迪马利亚外脚背轻敲，本泽马扫射打中右侧立柱弹回，迪马利亚跟进补射偏出。

第31分钟，巴萨扳平比分，佩德罗右路传中连中两人偏转，佩佩解围失误摔倒，梅西小禁区边缘内冷静垫射破门。第61分钟，巴萨反超比分，

梅西任意球直接射门,球绕过人墙紧贴右侧立柱入网。这是梅西在诺坎普打入的第150粒球,这也是他在国家德比中打入的第17粒球。皇马第66分钟扳平比分,厄齐尔直传,C罗单刀推射破门。

最终,巴萨主场2∶2战平皇马,梅西、C罗第一次在国家德比战中同时上演梅开二度。

再战国王杯

21
2012-2013赛季国王杯半决赛首回合
比赛时间：2013年1月30日
比赛地点：伯纳乌球场
比赛结果：皇马1：1巴萨

22
2012-2013赛季国王杯半决赛次回合
比赛时间：2013年2月26日
比赛地点：诺坎普球场
比赛结果：巴萨1：3皇马

  2012-2013赛季国王杯巴萨与皇马在半决赛提前相遇，2013年1月30日首回合比赛，开场仅2分钟，C罗突破造皮克黄牌犯规，他主罚任意球被平托飞身扑出。第20分钟，哈维任意球击中横梁弹出。第50分钟，梅西助攻法布雷加斯打破僵局，创造11次助攻的国家德比纪录。第81分钟，厄齐尔右翼传中，瓦拉内甩头攻门扳平比分，皇马主场1：1战平巴萨。

  2月26日，次回合比赛转战诺坎普球场，第13分钟，C罗突入禁区被皮克铲倒，裁判判罚"黄点套餐"，C罗点球一蹴而就。第57分钟，迪马利亚小角度射门被平托用腿挡出，C罗补射破门，这是C罗第12次在国家德比中破门。第68分钟，厄齐尔开出角球，瓦拉内头球锁定胜局。第89分钟，伊涅斯塔挑传，阿尔巴破门难挽败局。最终，皇马3：1击败巴萨，总比分4：2晋级国王杯决赛。

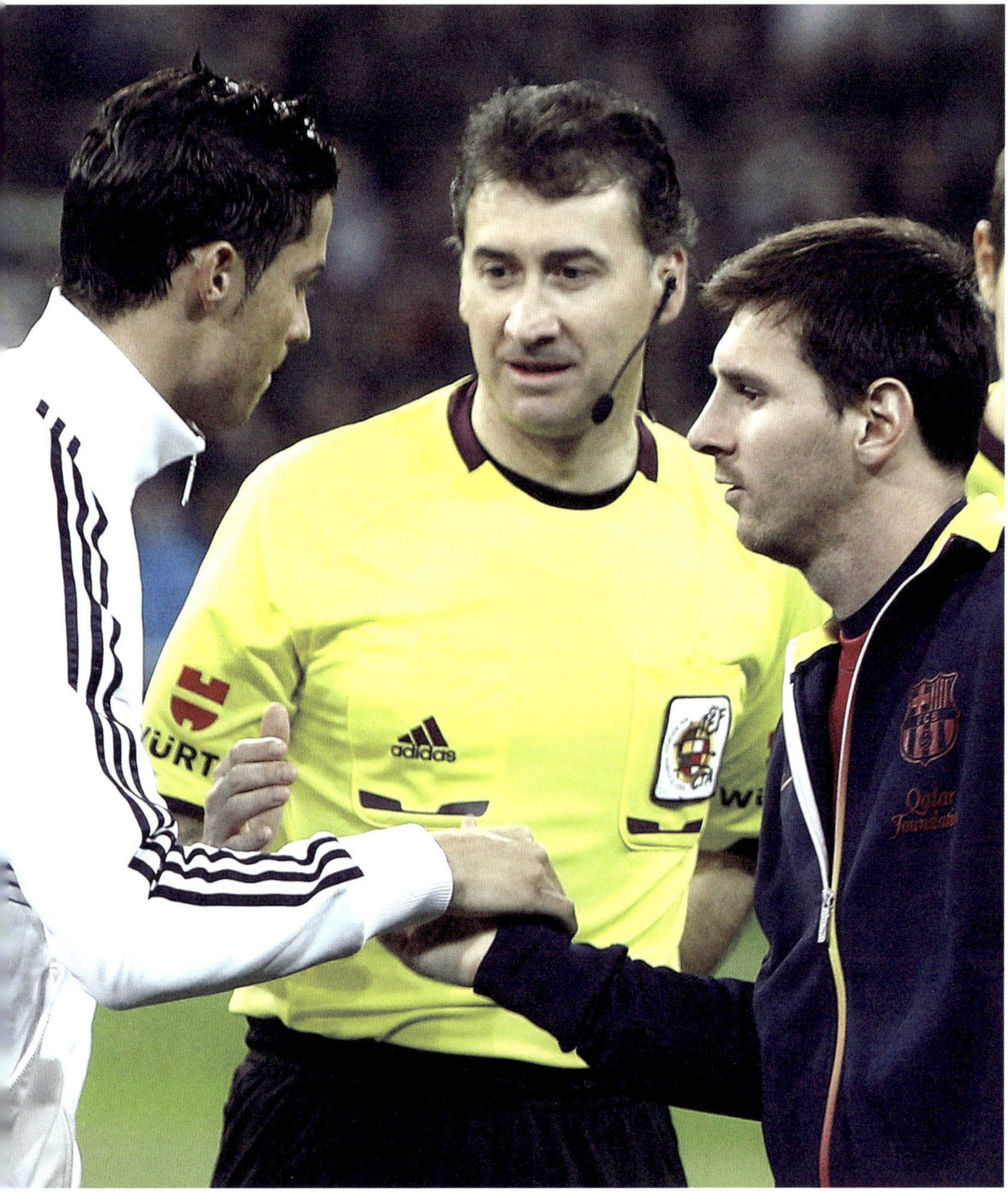
adidas

国家德比第一射手

2012-2013赛季西甲联赛

比赛时间：2013年3月2日

比赛地点：伯纳乌球场

比赛结果：皇马2∶1巴萨

梅西打破纪录，往往与巴萨赢球相关联，但这一次在对皇马的比赛中，梅西追平迪·斯蒂法诺，成为国家德比历史上进球最多的球员，但巴萨却遭遇失利。

2013年3月2日，2012-2013赛季西甲联赛第26轮，皇马在伯纳乌球场迎战巴萨。5天前在国王杯恶战一场的皇马和巴萨再度相遇！

开场仅6分钟本泽马首开纪录，比赛第17分钟，梅西追平比分，将西甲连续破门纪录增加到16轮（共进26球），追平迪·斯蒂法诺保持的国家德比进球纪录（18球），成为首位连续3个赛季至少进50球的西甲球员。下半时，莫拉塔单刀被扑，拉莫斯头球绝杀，C罗任意球中柱。终场哨响之后，巴萨队长巴尔德斯因为挑衅裁判而吃到红牌。最终，皇马主场2∶1击败巴萨。

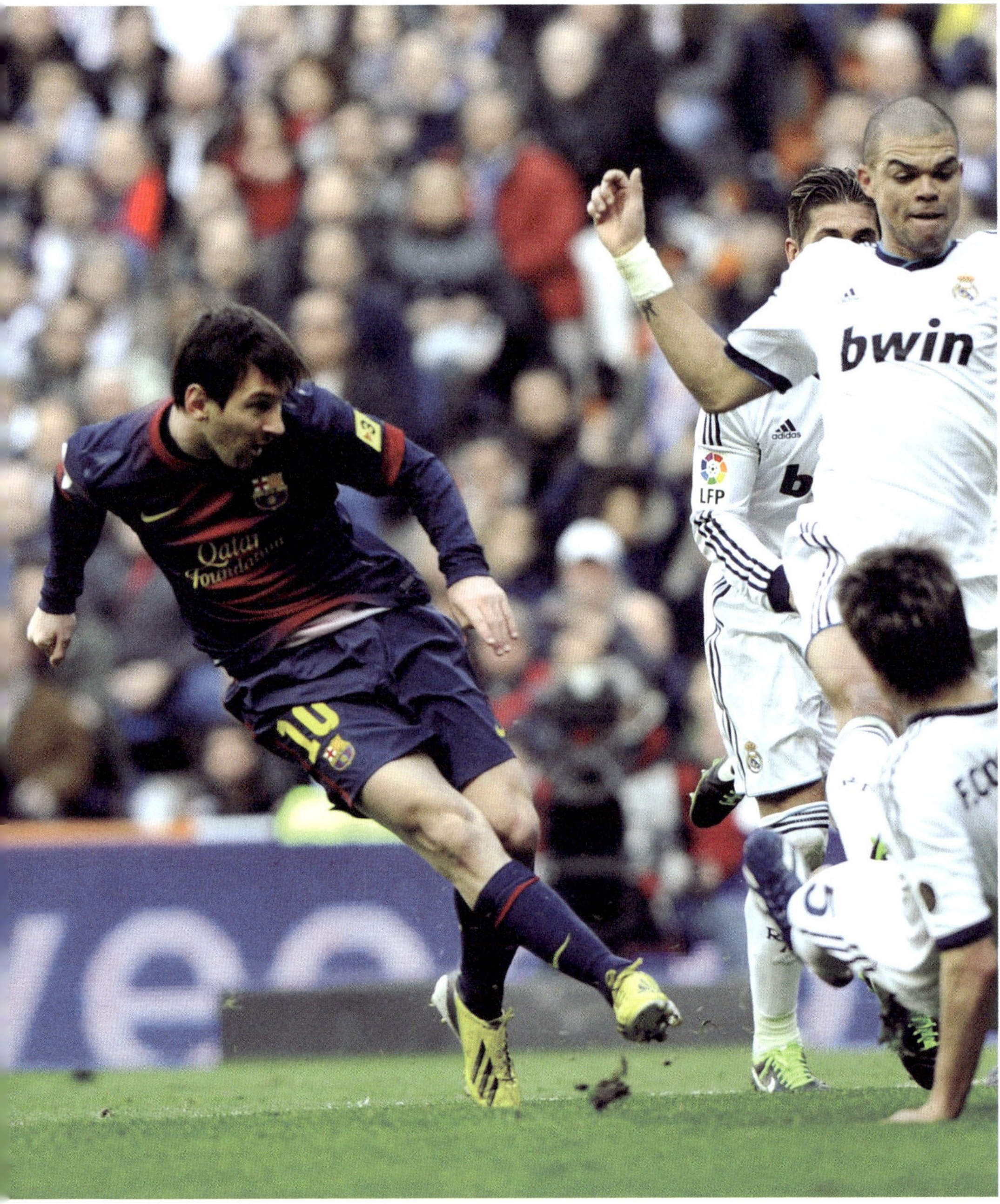
bwin
LFP

2013 / 10.26

西甲联赛
巴萨 2：1 皇马

2014 / 3.23

西甲联赛
皇马 3：4 巴萨

2014 / 10.25

西甲联赛
皇马 3：1 巴萨

2014 / 11.18

国家队友谊赛
葡萄牙队 1：0 阿根廷队

2015 / 3.22

西甲联赛
巴萨 2：1 皇马

2015 / 11.21

西甲联赛
皇马 0：4 巴萨

英雄帖
你方唱罢我登场

内马尔主宰

2013-2014赛季西甲联赛

比赛时间：2013年10月26日

比赛地点：诺坎普球场

比赛结果：巴萨2∶1皇马

  2013-2014赛季的国家德比迎来了新的角色——内马尔与贝尔。2013年10月26日，巴萨坐镇主场迎战皇马，比赛第19分钟，巴萨取得领先，伊涅斯塔传球，内马尔小角度射入远角，第78分钟巴萨扩大比分，内马尔直传，桑切斯挑射破门，第91分钟，C罗左路突破传中，赫塞劲射为皇马扳回一球。最终，巴萨2∶1战胜皇马，内马尔传射建功，贝尔表现欠佳，第61分钟被换下。

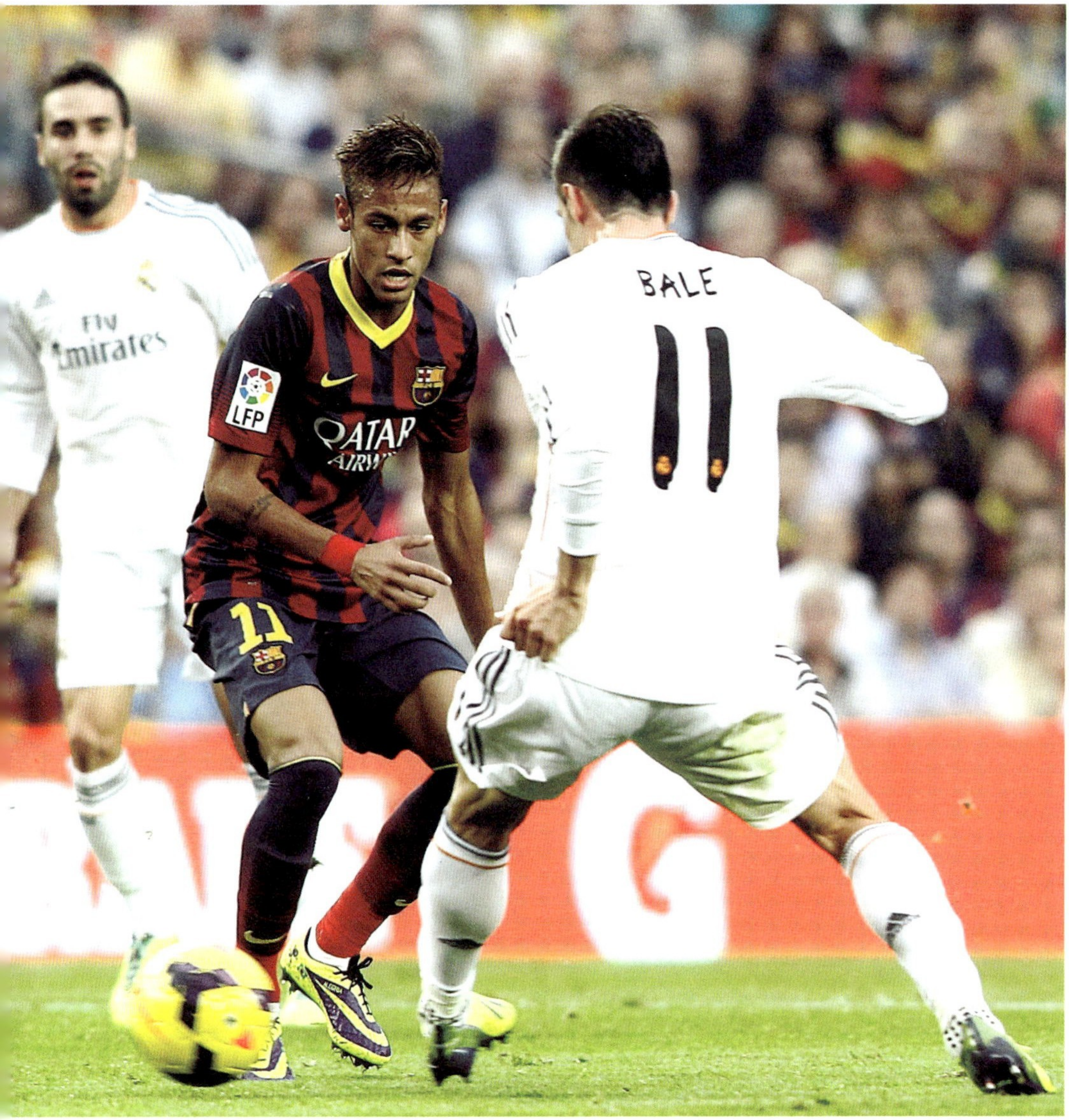
BALE
11
LFP
QATAR

梅西天神下凡

25

2013-2014赛季西甲联赛

比赛时间：2014年3月23日

比赛地点：伯纳乌球场

比赛结果：皇马3∶4巴萨

迪·斯蒂法诺是击打巴萨的铁锤，而梅西同样是皇马克星，这场国家德比，梅西在伯纳乌主演了一场精彩绝伦的比赛，他在比赛中发挥了决定性作用，让巴萨重新加入了西甲冠军的争夺中，与此同时，他在个人比拼中也全面压倒C罗。

2014年3月23日，巴萨客场挑战皇马，比赛第7分钟，梅西直传贡献他在国家德比中的第12次助攻（其中8次在伯纳乌），伊涅斯塔斜射建功。本泽马4分钟连入两球反超比分，第20分钟，迪马利亚左路传中，本泽马头球破门。第24分钟，迪马利亚左路下底传中，本泽马半凌空抽射破门，皇马2∶1领先巴萨。

第42分钟，巴萨扳平比分，梅西同内马尔踢墙配合后劲射入网，皇马3名后卫未能封堵住射门。皇马在比赛第55分钟再度领先，C罗突入禁区被阿尔维斯绊倒，裁判判罚点球，但回放显示犯规地点在禁区边缘外，C罗亲自主罚点球命中。第65分钟，拉莫斯禁区内对形成单刀的内马尔犯规，皇马队长得到职业生涯第19张红牌被罚下，梅西主罚点球命中。

第84分钟，伊涅斯塔禁区内被阿隆索和卡瓦哈尔夹防拉倒，梅西再次主罚点球命中，这是他本赛季第34粒入球，其中联赛打入21球。梅西成为首位在伯纳乌上演帽子戏法的巴萨球员，以及首位在国家德比中两次上演帽子戏法的巴萨球员。同时，梅西在国家德比中打入了21球，超越了他的阿根廷前辈迪·斯蒂法诺，独享国家德比最佳射手荣誉。

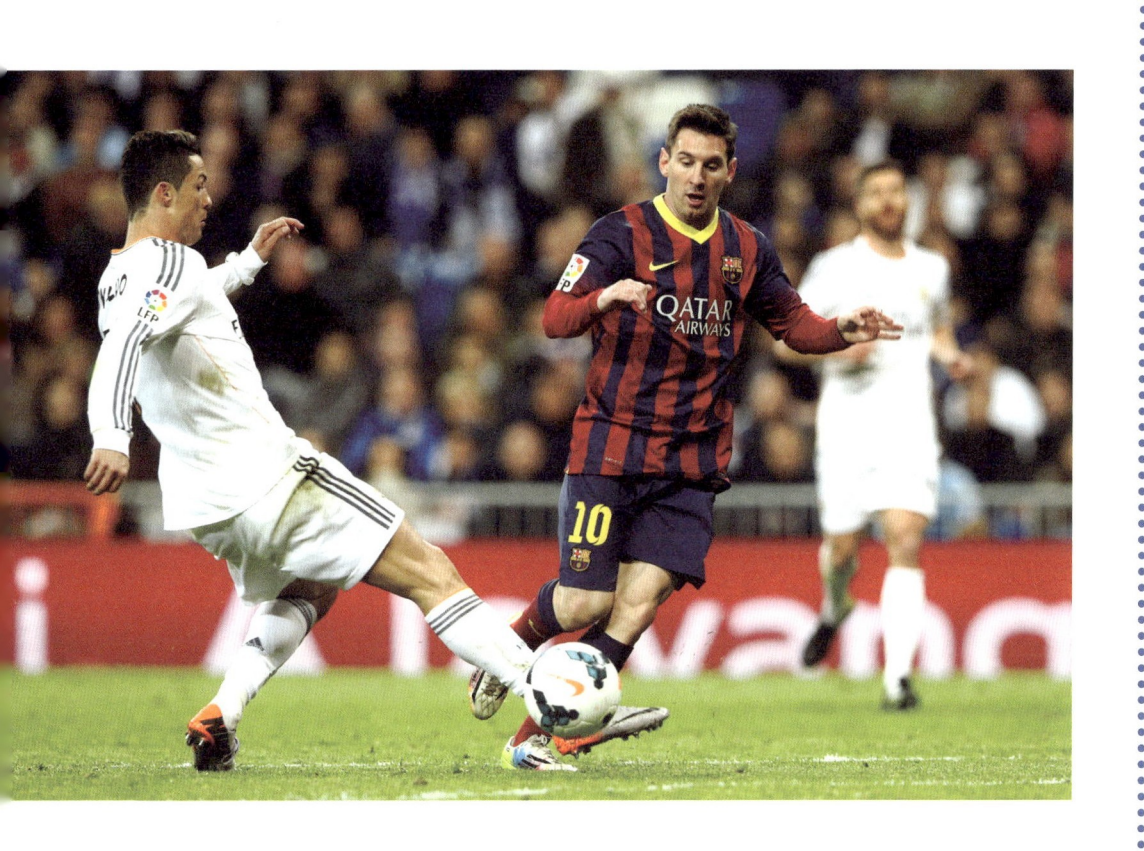

皇马大逆转

2014-2015赛季西甲联赛

比赛时间：2014年10月25日

比赛地点：伯纳乌球场

比赛结果：皇马3∶1巴萨

2014年10月25日，西甲联赛皇马主场迎战巴萨，比赛第4分钟，内马尔禁区前横切后大力低射，球贴地飞入球门右下角，巴萨1∶0领先。第11分钟，C罗左路传中，本泽马头球击中横梁，随后本泽马补射又击中立柱。第22分钟，苏亚雷斯右路传中，梅西门前推射被卡西利亚斯挡出。

第34分钟，马塞洛下底传中，皮克倒地铲球时手触球，主裁判罚点球并向皮克出示黄牌，C罗主罚点球命中。第50分钟，克罗斯角球传中，佩佩头球冲顶破门，皇马2∶1反超比分。第61分钟，J罗直塞，本泽马禁区右侧斜射破门，最终皇马3∶1战胜巴萨。

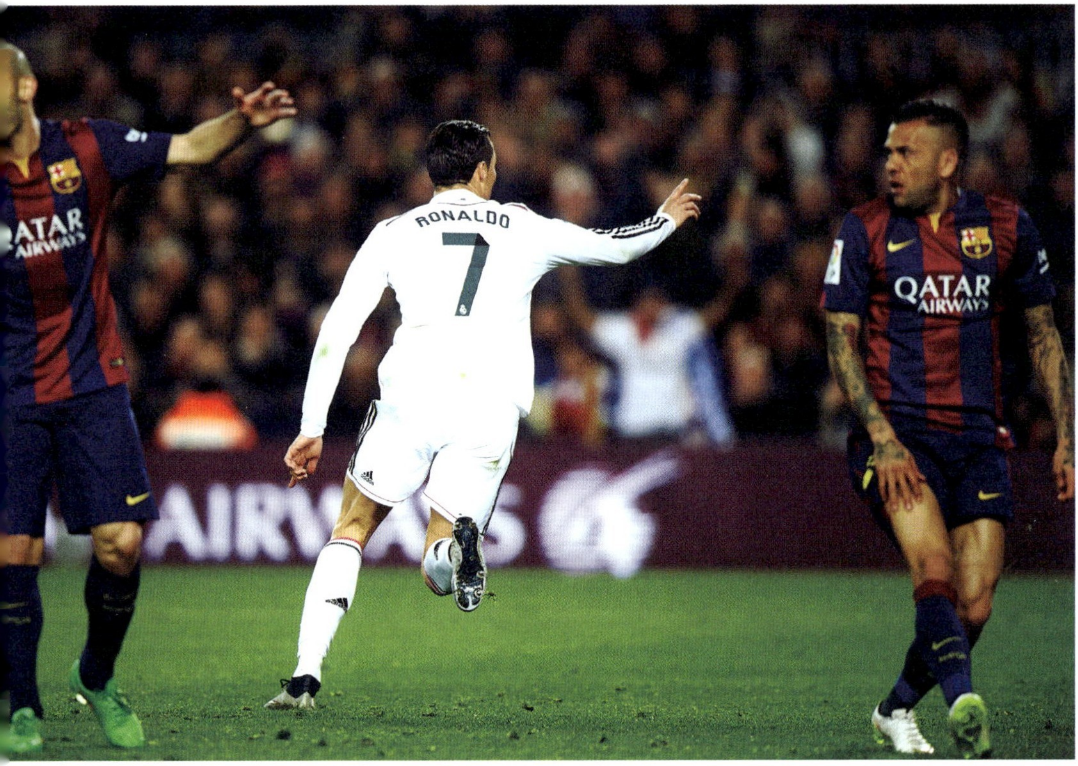
RONALDO
7
QATAR
AIRWAYS
ATAR
AIRWAYS
AIRWAYS

国家队二番战

国家队友谊赛

比赛时间：2014年11月18日

比赛地点：老特拉福德球场

比赛结果：葡萄牙队1：0阿根廷队

2014年11月18日，国家队友谊赛，葡萄牙队在曼彻斯特的老特拉福德球场1：0战胜阿根廷队，C罗、梅西均未能破门，夸雷斯马补时阶段助攻格雷罗打入绝杀。

比赛第11分钟，比格利亚直传，梅西小角度低射偏出远门柱。第29分钟，C罗摆脱防守后劲射高出。第32分钟，穆蒂尼奥踢倒帕斯托雷被黄牌警告，梅西主罚任意球稍稍高出。第64分钟，马斯切拉诺中场长传，盖坦禁区内飞身头球冲顶稍稍偏出。第91分钟，夸雷斯马右路横传，格雷罗飞身头球冲顶破门。

最终，葡萄牙队1：0绝杀阿根廷队，阿根廷队42年对阵葡萄牙队的不败纪录被打破，这也是葡萄牙队历史上第二次战胜阿根廷队，第一次是1972年6月29日在马拉卡纳以3：1取胜。

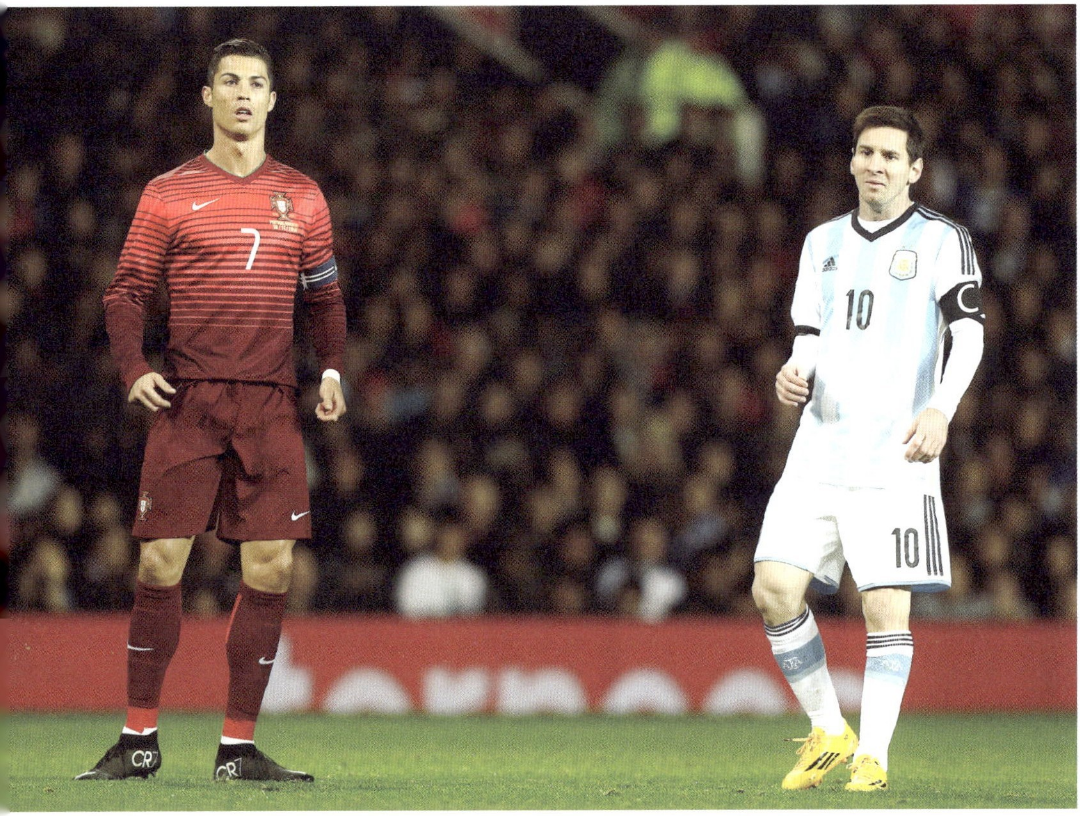

少室山之战

28
2014-2015赛季西甲联赛

比赛时间：2015年3月22日

比赛地点：诺坎普球场

比赛结果：巴萨2∶1皇马

29
2015-2016赛季西甲联赛

比赛时间：2015年11月21日

比赛地点：伯纳乌球场

比赛结果：皇马0∶4巴萨

2015年3月22日，2014-2015赛季西甲联赛第28轮，巴萨主场迎战皇马，比赛第19分钟，梅西左路任意球传中，马蒂厄头球破门，第31分钟，本泽马脚后跟妙传，C罗点球点附近捅射扳平比分。第56分钟，阿尔维斯长传，苏亚雷斯低射远角建功。

2015年11月21日，2015-2016赛季西甲联赛皇马0∶4惨败巴萨，梅西替补出场献助攻，此战为著名的"少室山之战"。

比赛第11分钟，巴萨取得领先，罗伯托中场断球左脚塞到禁区右侧，苏亚雷斯外脚背弹射入网。第39分钟，巴萨扩大比分，伊涅斯塔直塞，内马尔左脚推射破门。上半场补时阶段，内马尔禁区左侧下底回传，苏亚雷斯在门前铲射，马塞洛球门线上头球解围！

第53分钟，伊涅斯塔劲射破门。第68分钟，皇马错过绝佳机会，伊斯科右路反击，贝尔送出地滚球，C罗门前推射被布拉沃封出！第74分

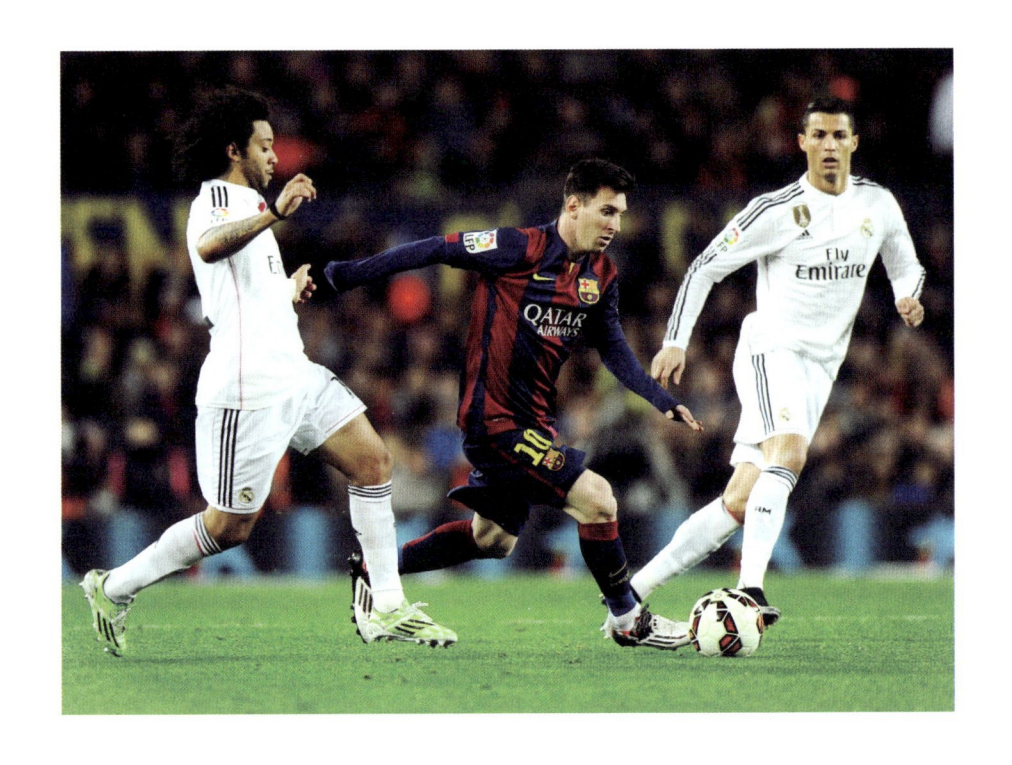

钟，梅西中场直传，苏亚雷斯反越位单刀搓射入锁定胜局，巴萨4∶0大胜皇马。

　　已经在国家德比中攻入21球的梅西，连续3次面对皇马未能进球；C罗在本赛季也陷入挣扎。这两位巨星定义了足坛的"梅罗时代"，而从这两场国家德比的情况来看，已经有一些迹象在预示着"双骄时代"可能终结，活在梅西和C罗阴影下的球星们开始抢班夺权，新王者借国家德比欲求上位。

2016 / 4.2
西甲联赛
巴萨 1 : 2 皇马

2016 / 12.3
西甲联赛
巴萨 1 : 1 皇马

2017 / 4.23
西甲联赛
皇马 2 : 3 巴萨

2017 / 8.13
西班牙超级杯首回合
巴萨 1 : 3 皇马

2017 / 12.23
西甲联赛
皇马 0 : 3 巴萨

2018 / 5.6
西甲联赛
巴萨 2 : 2 皇马

过云烟，狭路相逢终究别

又见C罗绝杀

2015-2016赛季西甲联赛

比赛时间：2016年4月2日

比赛地点：诺坎普球场

比赛结果：巴萨1∶2皇马

2016年4月2日，西甲联赛第31轮，巴萨在诺坎普球场迎战皇马。皮克头槌破门，本泽马倒钩进球将比分扳平，贝尔进球被判无效，拉莫斯染红下场，贝尔助攻C罗破门献上准绝杀，巴萨主场1∶2不敌皇马，巴萨39场不败被终结。

上半场比赛，双方展开激烈对攻大战，但都未能攻破对方大门，纳瓦斯关键扑救化解拉基蒂奇扫射。比赛第55分钟，拉基蒂奇角球发入禁区，皮克头槌破门。第61分钟，马塞洛带球发动反击，克罗斯右路传中，本泽马门前倒钩破门将比分扳平。第80分钟，C罗左路传中，贝尔头球破门，但裁判判罚贝尔压人犯规，进球无效。第82分钟，拉莫斯吃到第二张黄牌被红牌罚下。第84分钟，皇马快速反击，贝尔右路传中，C罗胸部停球，小角度劲射绝杀比赛。

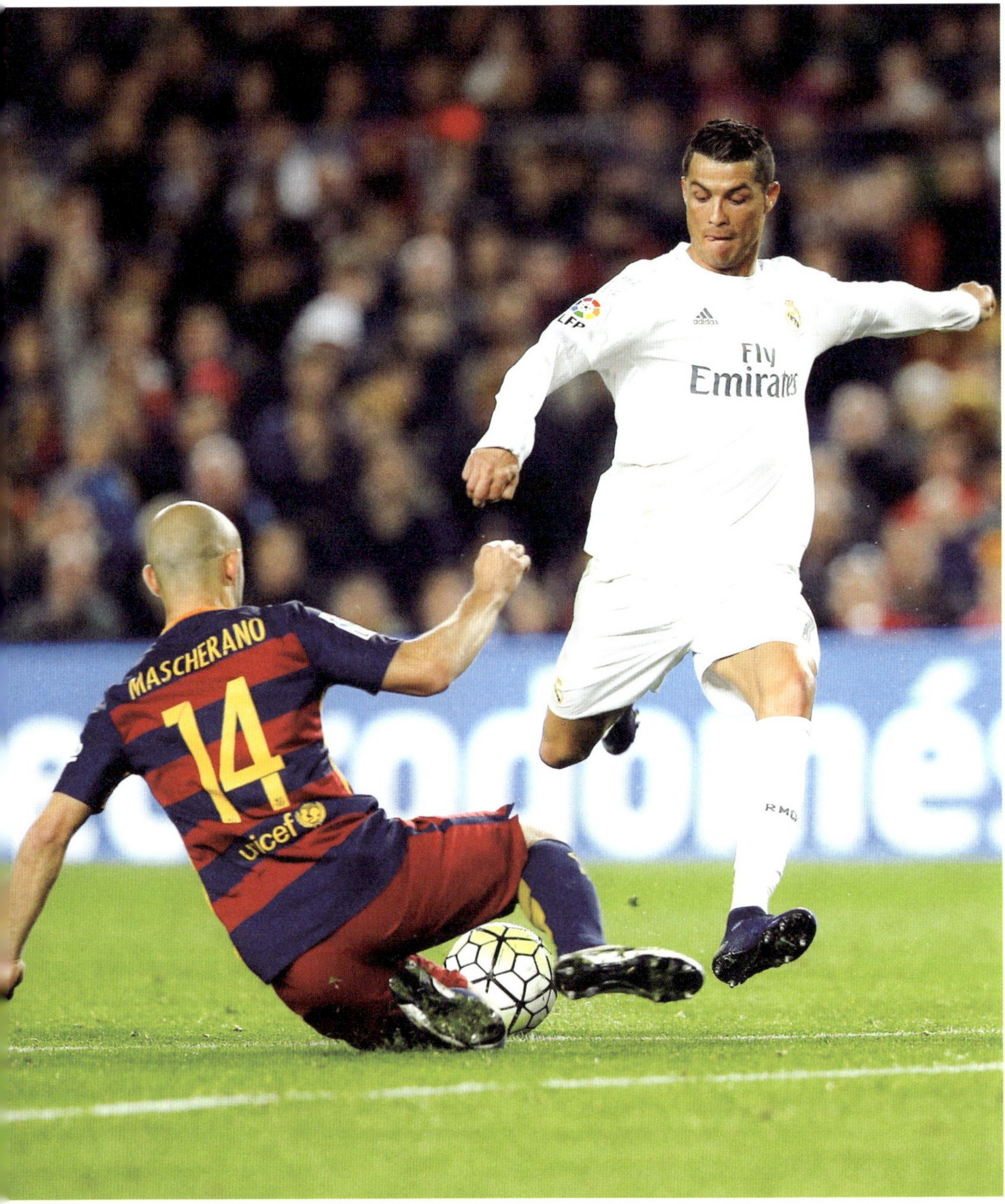
Fly
Emirates
MASCHERANO
14
unicef

梅西晒球衣霸气庆祝

31

2016-2017赛季西甲联赛

比赛时间：2016年12月3日

比赛地点：诺坎普球场

比赛结果：巴萨1∶1皇马

32

2016-2017赛季西甲联赛

比赛时间：2017年4月23日

比赛地点：伯纳乌球场

比赛结果：皇马2∶3巴萨

2016年12月3日，2016-2017赛季西甲联赛第13轮，巴萨1∶1战平皇马遭遇联赛3连败。上半场比赛，巴斯克斯禁区内倒地，拉莫斯与卡瓦哈尔禁区内疑似手球，主裁判均未判罚。下半场第53分钟，内马尔助攻苏亚雷斯打进一球，比赛第90分钟，拉莫斯头球破门，读秒绝平。

2017年4月23日，2016-2017赛季西甲联赛第33轮，巴萨客场3∶2击败皇马，梅西梅开二度，并在第92分钟读秒绝杀。

比赛第28分钟，马塞洛斜传，拉莫斯小角度垫射击中立柱弹回，卡塞米罗从另一侧将球打入空门。巴萨第33分钟扳平比分，拉基蒂奇传球，梅西拿球晃过卡瓦哈尔后低射破门。

第67分钟，C罗错失良机，本泽马直传，阿森西奥突入禁区右侧无私横传，但无人防守的C罗却在小禁区前射高。第73分钟，巴萨反超比分，拉基蒂奇扣过克罗斯后左脚劲射，球紧贴左侧立柱入网。

皇马第77分钟遭遇打击，拉莫斯飞铲梅西犯规被红牌直接罚下，他下场时还对场内鼓掌。巴萨第80分钟错失良机，皮克小禁区前射门被纳瓦斯神勇救出。第85分钟，皇马扳平比分，马塞洛左路传中，无人防守的"J罗"推射上角入网，比分变成2∶2平。

第92分钟，罗伯托奔袭策动反击，阿尔巴禁区左侧传中，梅西迎球怒射，杀死比赛！绝杀后的梅西非常激动，他纵情狂奔来到场边，他脱下球衣，将印有自己名字和号码的那一面展示给伯纳乌的皇马球迷！

争议之战

2017年西班牙超级杯首回合

比赛时间：2017年8月13日

比赛地点：诺坎普球场

比赛结果：巴萨1∶3皇马

2017年8月13日，2017年西班牙超级杯首回合，巴萨主场迎战皇马，上半场比赛双方都没有绝佳的进球机会。比赛第49分钟，马塞洛左路下底传中，皮克解围乌龙。第76分钟，梅西主罚点球命中扳平比分。第79分钟，皇马发动快速反击，C罗禁区内左路世界波破门，进球后的C罗异常兴奋，他脱衣秀肌肉霸气庆祝，为此吃到一张黄牌。

两分钟后，C罗禁区内倒地，裁判出示黄牌判C罗假摔，C罗吃到个人本场第二张黄牌被红牌罚下。第89分钟，阿森西奥左脚劲射破门锁定胜局。最终，巴萨主场1∶3不敌皇马，但是C罗因为红牌停赛，错过双方第二回合的交战。这个判罚在赛后引发巨大争论，C罗是否假摔，成为焦点。

57

西甲对决绝唱否？

34

2017-2018赛季西甲联赛

比赛时间：2017年12月23日

比赛地点：伯纳乌球场

比赛结果：皇马0∶3巴萨

35

2017-2018赛季西甲联赛

比赛时间：2018年5月6日

比赛地点：诺坎普球场

比赛结果：巴萨2∶2皇马

2017年12月23日，2017-2018赛季西甲联赛第17轮，巴萨客场挑战皇马，上半场比赛开始仅两分钟，皇马右侧角球发入禁区，C罗头球破门，裁判示意越位在先，进球无效。第29分钟，梅西前场右路长传禁区，保利尼奥插上凌空打门被纳瓦斯扑出。

第53分钟，拉基蒂奇策动进攻，罗贝托传球，苏亚雷斯跟上推射破门，巴萨1∶0领先。第62分钟，梅西前场中路送出妙传，苏亚雷斯单刀推射被纳瓦斯扑出，梅西禁区内分球，苏亚雷斯单刀再打击中立柱，保利尼奥头球补射，卡瓦

哈尔门前手球，裁判鸣哨，巴萨获得点球，卡瓦哈尔也被直接红牌罚下。第63分钟，梅西主罚点球命中。

第92分钟，梅西禁区内右路底线倒三角传中，比达尔跟上推射破门。全场比赛结束，巴萨3∶0击败皇马。

2018年5月6日，2017-2018赛季西甲联赛第36轮，巴萨主场迎战皇马，比赛第10分钟，罗贝托右路传中，苏亚雷斯后点凌空垫射破门，巴萨1∶0领先。第14分钟，克罗斯禁区内左路传中，后点本泽马头球顶向门前，C罗跟上抢射扳平比分。

下半场比赛第48分钟，罗贝托右手对马塞洛有多余动作，被红牌罚下，巴萨10人应战。第52分钟，苏亚雷斯左路横传，梅西禁区中路晃过拉莫斯和卡塞米罗，左脚劲射球门左下角得手，巴萨再度领先。第72分钟，阿森西奥左路横传，贝尔禁区弧内左脚推射破门。全场比赛结束，巴萨2∶2战平皇马，梅西、C罗各进一球。

2018年7月10日，C罗以1亿欧元转会尤文图斯，签署了一份为期4年的合同，年薪为3000万欧元，西甲联赛的"梅罗之争"告一段落。如今，C罗已经离开皇马，梅西还在坚守。2016-2017赛季的两场西甲国家德比难道真的成为梅罗西甲对决的绝唱吗？

2020
12.8

欧冠小组赛
巴萨 0：3 尤文图斯

期待
下一次
相逢

高处不胜寒
古今谁不老

英雄不迟暮

2020-2021赛季欧冠小组赛

比赛时间：2020年12月8日

比赛地点：诺坎普球场

比赛结果：巴萨0∶3尤文图斯

当C罗远走意甲，梅罗的对决只能寄托于国家队以及欧冠赛事。终于在2020年，梅罗对决又一次实现了。"新冠疫情"严重打乱了欧洲足坛，而C罗也不幸感染。世界足坛急需要焦点赛事来振奋人心。

2020-2021赛季欧冠小组赛如期到来，巴萨与尤文图斯同处一组。但是C罗因为新冠，遗憾地错过了双方首回合较量。而在第二回合比赛开始前，媒体也是一片渲染。此时的梅罗交锋，似乎没有了太多的剑拔弩张。

因为没有了国家德比那种紧张气氛，也没有了生死之战的意味。当那时35岁的C罗碰上33岁的梅西，或许人们讨论更多的则是，这会是两人最后一次对决吗？

这场比赛在2020年12月8日如期开打。最终巴萨0∶3不敌尤文图斯，C罗梅开二度，35岁的C罗力压梅西，成为全场最佳球员。

比赛第11分钟，C罗禁区内与阿劳霍对抗时倒地，裁判判罚点球，

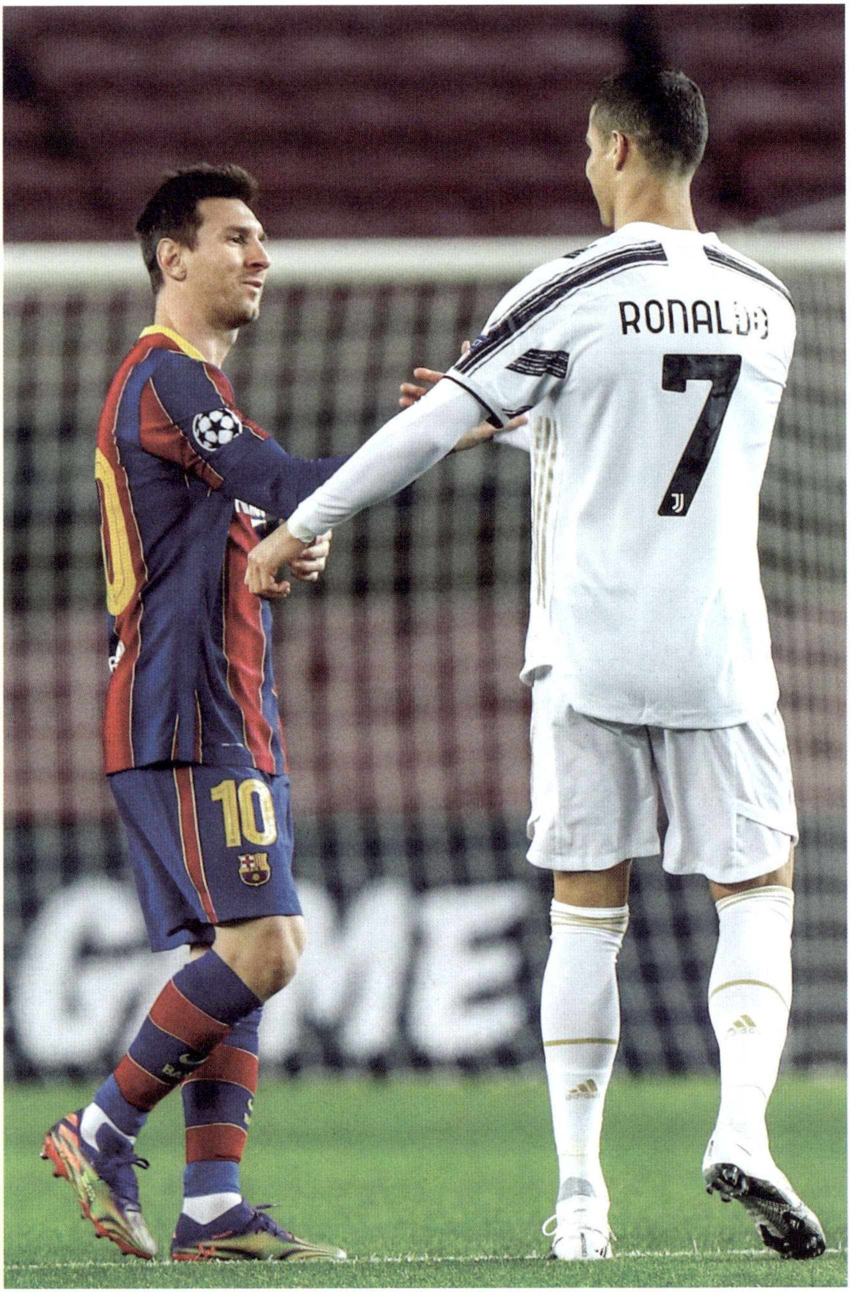
7
10

C罗主罚一蹴而就。第19分钟，夸德拉多起脚传中，无人盯防的麦肯尼凌空扫射得手。下半场易边再战，第49分钟，朗格莱禁区内手球犯规，通过回看，裁判吹罚点球。C罗主罚射门稳稳命中，尤文图斯3∶0领先巴萨。

这是两位这个时代最伟大的足球运动员之间的第36次碰面，也是双方在欧冠小组赛的第一次相逢，这场对决应该提前出现，但因C罗的缺席才遗憾拖到本场比赛。赛前，梅西拍了拍C罗，比赛中C罗回追禁区防守梅西，胜利和比分有时并不那么重要，只希望能看见梅、罗再多一些同场竞技，只希望时光可以慢慢流逝，梅、罗晚一些老去。

从第1次对决到第36次，从2008年到2020年，这是梅、罗横跨13年的直面交锋的故事，有胜负吗？答案是没有。

下一次相逢

37

比赛时间：？

比赛地点：？

比赛结果：？

梅、罗在第36次对决前，两人握手并拥抱致意。此前C罗效力皇马期间，二人进行了无数次的交锋，随着C罗转会尤文图斯，他们只在欧冠小组赛中正面交手一次。不知道下一次看到他们同时出现在一座球场里会是什么时候。

如今，C罗已经36岁，梅西比他小两岁。两人的状态，或多或少的都出现了下滑。无论在巴萨的梅西，还是在尤文图斯的C罗，似乎都遇到了一些问题。而梅罗相聚英超、法甲甚至大联盟的消息，也不断地曝出。或许两人还有在其他赛场狭路相逢的机会，毕竟属于他俩的时代还没有结束。

还有未知的2022年的卡塔尔世界杯，如果葡萄牙队能够与阿根廷队相遇，梅罗同场竞技也不再是幻想。那或许才是梅罗这个绝代双骄时代最完美的一幕。梅西、C罗不说再见，岁月可以带走青春，却带不走信仰。

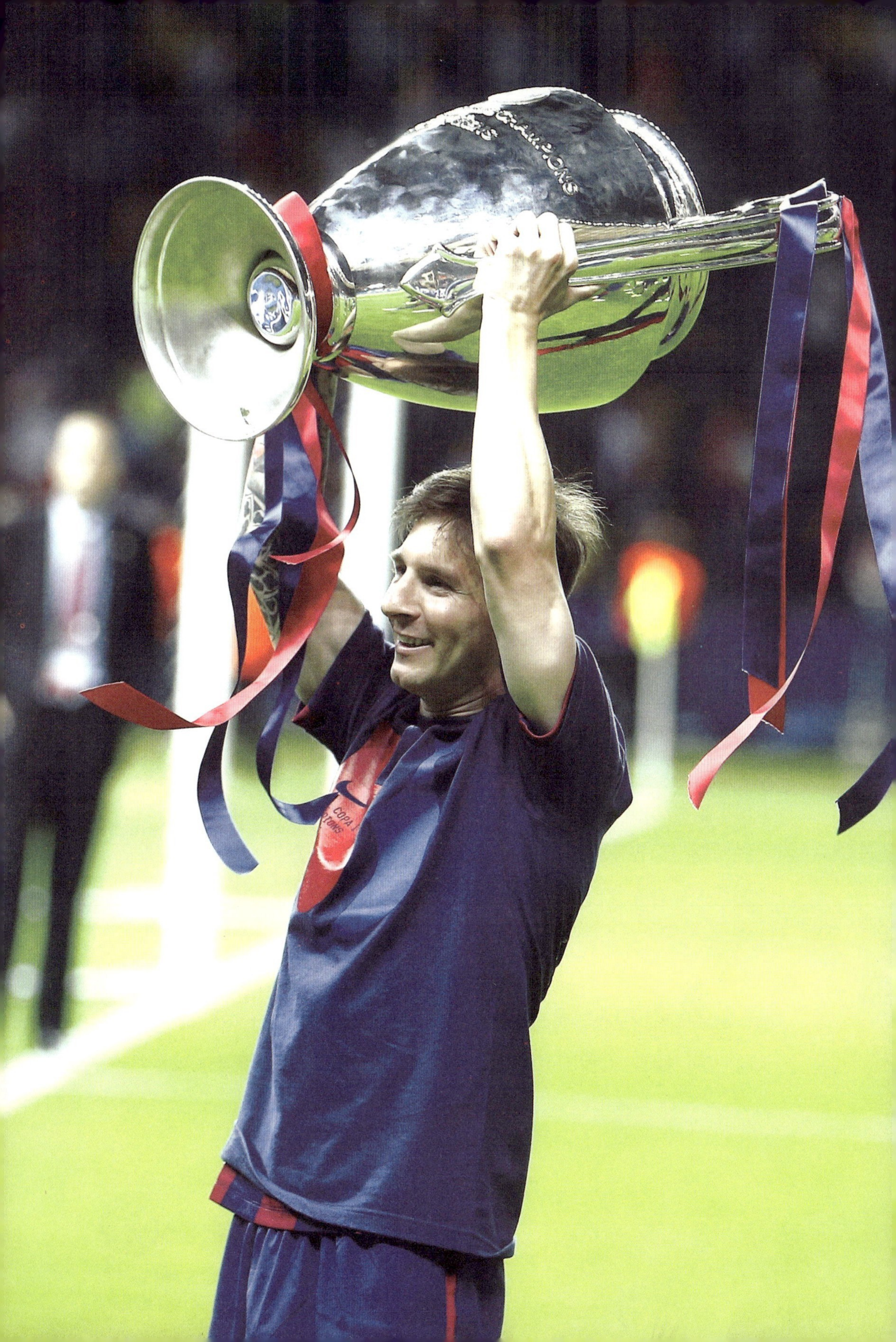
CHAMPIONS

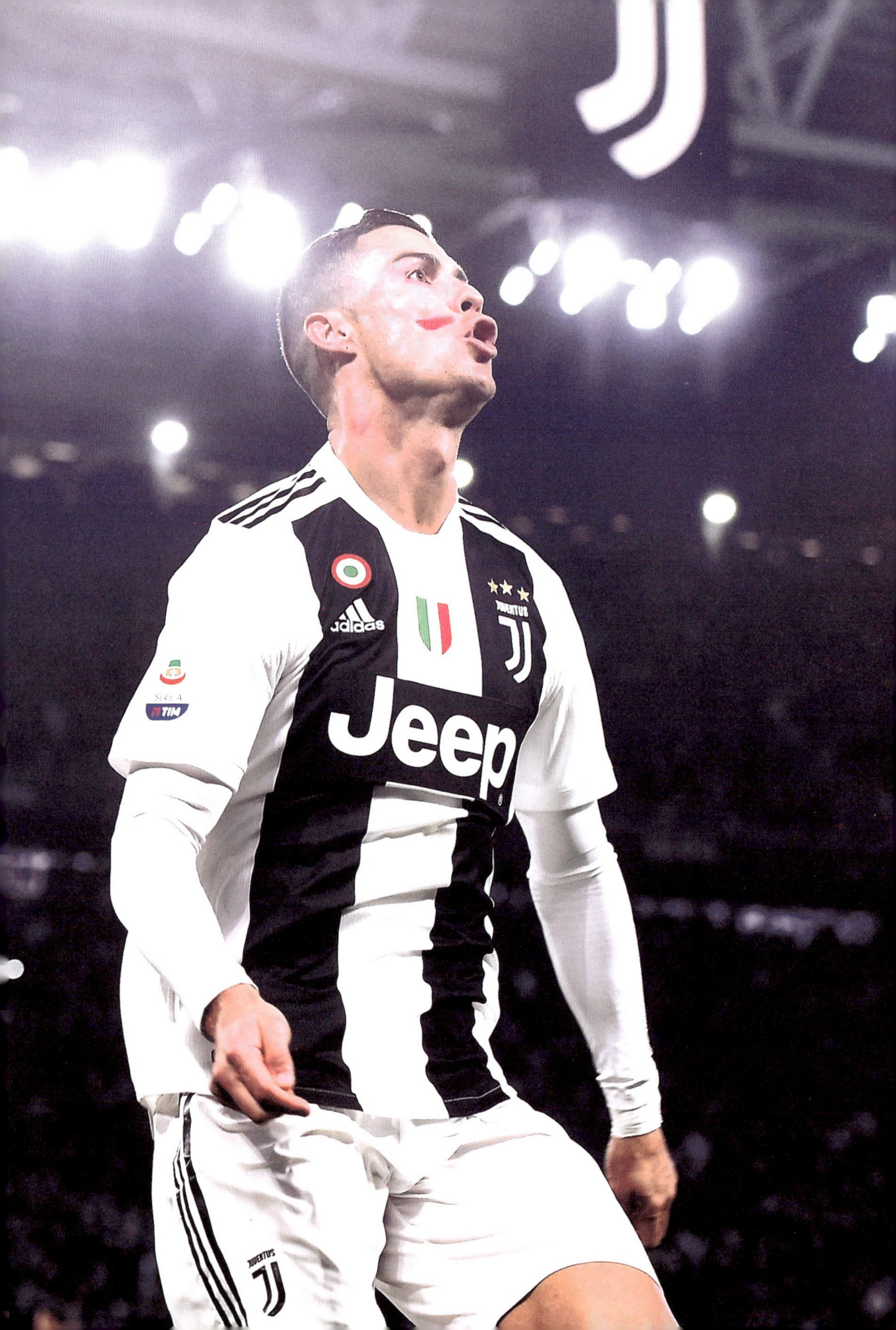
adidas
Jeep

梅罗交锋全记录

	日期	赛事	主队	客队	比分	梅罗数据
01	2008年4月23日	欧冠	巴萨	曼联	0∶0	
02	2008年4月29日	欧冠	曼联	巴萨	1∶0	
03	2009年5月27日	欧冠	巴萨	曼联	2∶0	梅西 70分钟
04	2009年11月29日	西甲	巴萨	皇马	1∶0	
05	2010年4月10日	西甲	皇马	巴萨	0∶2	梅西 33分钟
06	2010年11月29日	西甲	巴萨	皇马	5∶0	
07	2011年2月11日	国家队友谊赛	葡萄牙队	阿根廷队	1∶2	C罗 21分钟 梅西 90分钟（点球）
08	2011年4月16日	西甲	皇马	巴萨	1∶1	梅西 51分钟（点球） C罗 81分钟（点球）
09	2011年4月20日	国王杯	皇马	巴萨	1∶0	C罗 103分钟
10	2011年4月27日	欧冠	皇马	巴萨	0∶2	梅西 76分钟 87分钟
11	2011年5月3日	欧冠	巴萨	皇马	1∶1	

	日期	赛事	主队	客队	比分	梅罗数据
12	2011年8月14日	西班牙超级杯	皇马	巴萨	2：2	梅西 45分钟
13	2011年8月17日	西班牙超级杯	巴萨	皇马	3：2	C罗 20分钟 梅西 53分钟 88分钟
14	2011年12月10日	西甲	皇马	巴萨	1：3	
15	2012年1月18日	国王杯	皇马	巴萨	1：2	C罗 11分钟
16	2012年1月25日	国王杯	巴萨	皇马	2：2	C罗 68分钟
17	2012年4月21日	西甲	巴萨	皇马	1：2	C罗 73分钟
18	2012年8月23日	西班牙超级杯	巴萨	皇马	3：2	C罗 55分钟 梅西 70分钟（点球）
19	2012年8月29日	西班牙超级杯	皇马	巴萨	2：1	C罗 19分钟 梅西 45分钟
20	2012年10月7日	西甲	巴萨	皇马	2：2	C罗 23分钟 66分钟 梅西 31分钟 61分钟
21	2013年1月30日	国王杯	皇马	巴萨	1：1	
22	2013年2月26日	国王杯	巴萨	皇马	1：3	C罗 12分钟（点球） 57分钟
23	2013年3月2日	西甲	皇马	巴萨	2：1	梅西 18分钟
24	2013年10月26日	西甲	巴萨	皇马	2：1	
25	2014年3月23日	西甲	皇马	巴萨	3：4	梅西 42分钟 65分钟（点球）84分钟（点球） C罗 55分钟（点球）

	日期	赛事	主队	客队	比分	梅罗数据
26	2014年10月25日	西甲	皇马	巴萨	3∶1	C罗 35分钟（点球）
27	2014年11月18日	国家队友谊赛	葡萄牙队	阿根廷队	1∶0	
28	2015年3月22日	西甲	巴萨	皇马	2∶1	C罗 31分钟
29	2015年11月21日	西甲	皇马	巴萨	0∶4	
30	2016年4月2日	西甲	巴萨	皇马	1∶2	C罗 85分钟
31	2016年12月3日	西甲	巴萨	皇马	1∶1	
32	2017年4月23日	西甲	皇马	巴萨	2∶3	梅西 33分钟 92分钟
33	2017年8月13日	西班牙超级杯	巴萨	皇马	1∶3	梅西 77分钟（点球） C罗 80分钟
34	2017年12月23日	西甲	皇马	巴萨	0∶3	梅西 64分钟（点球）
35	2018年5月6日	西甲	巴萨	皇马	2∶2	C罗 14分钟 梅西 52分钟
36	2020年12月8日	欧冠	巴萨	尤文图斯	0∶3	C罗 13分钟（点球） 52分钟（点球）